程兆熊作品集
003

高山行

程兆熊◎著

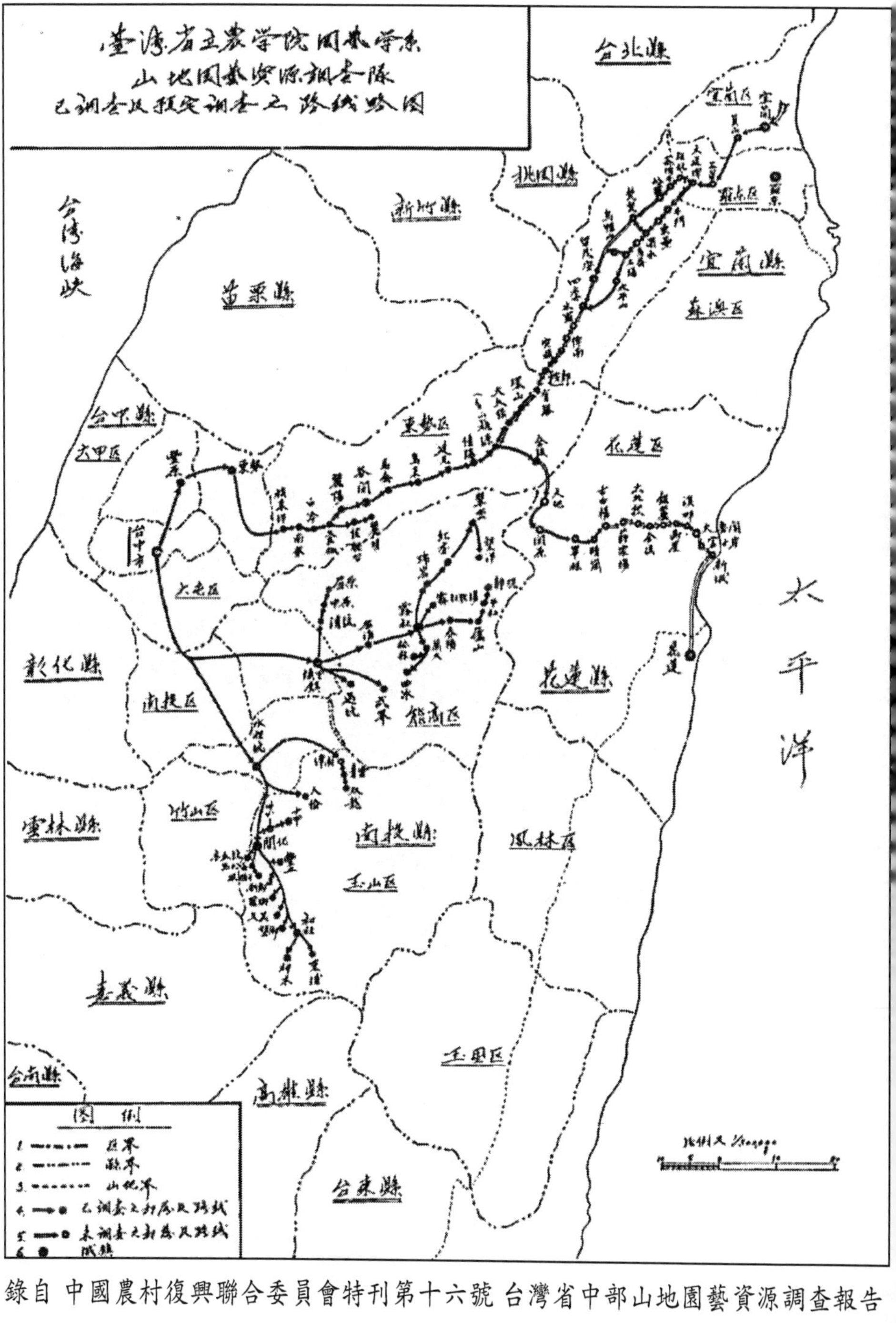

錄自 中國農村復興聯合委員會特刊第十六號 台灣省中部山地園藝資源調查報告

闢路開山

香港九龍沙田 錢邸 和錢穆夫婦閒話

香港時期 和唐君毅 謝幼偉於九龍沙田淨苑

程兆熊主持園藝系時.策劃山地園藝資源調查，入山前和山胞合影

程兆熊攝於台灣山地原始林巨樹下

程兆熊攜全家人從香港回到台灣，主持台中農學院園藝系，居台中忠義橫巷

前言

發現藏在臺灣山地裡的寶藏

環島旅行不只是生長在臺灣的每個人畢生想走上一趟的旅程，更是每一個外國旅者來臺旅遊的目標。這是可以依循呈東西橫向的臺灣三大橫貫公路：北橫、中橫與南橫公路的三橫，和中橫宜蘭支線、中橫霧社支線、新中橫公路與阿里山公路所串成的南北縱向路線的一暨輕鬆行進的。而攀登臺灣百岳更是登山健行者挑戰的目標，這是今時登山設備齊全及沿途有休息站且物資充足的娛樂行程。

回溯一九六〇年以前的臺灣山地狀況，若不帶著「入山求道」的思想情緒，除了工作及生活在那兒的人，估計一般人是想都沒有想過要進入這「有著溫帶和寒帶的氣候」的原始闊葉深林，正如程兆熊先生言，「高山之上，危巖之間，稍一慌張，就要跌下」。

惟程兆熊先生想證明臺灣是可以種植蘋果等落葉果樹，以駁斥當時農復會一些持反對意見的委員們，當然，這個起心動念起源於對應台灣當時經濟發展的農業政策。其時農復會主委沈宗瀚先生於一九六五年發表〈今後臺灣農業之新發展〉一文中，提到農業新發展之主要趨勢第一點即是「農業資源的開發」，以程兆熊先生的人脈背景與專業能量，農復會藉其長才是肯定的，相對於程兆熊先生對國家社會總期能貢獻一己之力之心思，從當年中日戰爭曾不顧博士學位取得與否，急欲趕回國加入抗敵可見一斑，此時不畏山險與豪雨天候的艱難，在農復會技正陸之琳先生的支持下，帶領臺中農學院（中興大學）師生連續三年寒暑假入臺灣山地園藝資源調研。

在程兆熊先生《山地書》中給唐君毅先生的書信裡如此寫著：「臺灣是屬於亞熱帶，而台灣的高山地區，卻有著溫帶和寒帶的氣候。在亞熱帶地區種植著溫帶和寒帶的園藝作物，這是臺灣的創舉，這也是世界園藝史上的創舉。」

臺灣蘋果之父

臺灣山地資源調查第一年從台中和平鄉開始，出谷關去青山、佳陽、桃源（今梨山，福壽山農場原是桃源的鴛鴦池）、環山、鞍部等處；第二年目標是信義鄉，經草屯、中興新村和埔里，上霧社，再兵分兩路去麻里巴和廬山；第三年就翻越中央山脈到大北投，太魯閣及至花蓮一帶，隨後又調查南澳大同等山地鄉，總共持續調查了五年，完成臺灣省中部山地園藝資源、臺灣省宜蘭山地園藝資源、臺灣省花蓮秀林鄉山地園藝資源等三份調查報告，這幾份報告直接開啓了臺灣山地種植蘋果、梨和水蜜桃等優質落葉果樹以及高冷蔬菜之扉頁，不僅考慮了臺灣山地的水土保持，關注整體的生態環境，改善了山地居民的生活條件，更促進了臺灣對外農業貿易的經濟發展。

「在高山地區辦果園，因爲是無人地帶，所以第一件事是築路，第二件事是蓋房子，第三件事是開墾，第四件事是繁殖苗木」。從程兆熊先生《九十回憶》中了解到，當時程兆熊先生透過農復會的協助，由全世界引回六十多個品種的蘋果苗木，所有採購的苗木必須在十二天內定植，這是指從當地的地裡拔起苗木開始算起，從當地用汽車運到機場，再由飛機載運到松山機場，再用汽車運到霧社，更得以人工扛到程兆熊先生當時住在山上的茅草屋內，一直到把苗木定植到果園的土地中爲止。這是一個與時間賽跑的過程，遑論又得在六十多個的品種中種植試驗，找到最適合臺灣山地種植的品種，並持續到大量成功種植，以至於現在住在臺灣的我們，能一年四季享受到高品質的水果和高冷蔬菜，程兆熊先生自是臺灣種植蘋果的濫觴，堪可擔「臺灣蘋果之父」之名。

為往聖繼絕學 為萬世開太平

程先生在臺灣山地園藝資源調查期間書寫成《臺灣山地日記》與《高山族中》、《山地書》、《臺灣山地紀行》等四本書。於一九六二年借調到香港中文大學任教，十四年後的一九七三年五月回臺後，立即再受農復會之邀視察梨山、福壽山、武陵、梅峰、清境一帶，更爬上東眼大山、阿里山，便又以行記及地景詩模式書寫成一本《高山行》。這幾書讀來，彷如隨程先生一同進入那原始闊葉林中，感受到那裡的荒涼與原始，被吸血蟲鑽進腳底，被樹叢割傷掌心，彷佛爲了找水源一同遇見那可能是通輯犯的三人，又似乎一起遇到豪雨土石流被原住民同胞背著過河，當然也一起行走在雲中，坐臥在山裡，一起發出「乾坤誰眼碧？」一問。程師的文筆輕鬆易懂，兼之將其哲儒道禪等學養思想放諸文字中，令人吟哦再三，產生身歷其境的無窮樂趣。

華夏出版公司發心出版《程兆熊先生作品集》，緣起於兩年前南懷瑾文教基金會執行長來訊息找程先生的書，我亦因此機緣開始接觸程兆熊先生生平，每讀一些，就憾自己不是程師的門生，怨未能早認識拜訪程師。如今因決定以《臺灣山地紀行》與《高山族中》、《山地書》、《高山行》四書首先重刊發行，獲得文化部的數位化補助，更因此尋找到幾位程師的門生，有蕭振邦、高柏園、蘇子敬、李重志、溫金柯、曾議漢、蔡隆銘、辜琮瑜諸君，諸位先生皆在學術及企業界發光，一聽是恩師之事，全然欣然應允之，我由此深刻感知到，程師人格之如其著作《完人的生活與風姿》般春風化雨，也一如其一生所言、所實踐之「簡單化」。程兆熊先生堪稱一「爲往聖繼絕學，爲萬世開太平」的一代實踐思想教育家。在此感謝林于弘和須文蔚教授及伍元和先生的共襄盛舉，要特別謝謝中華出版基金會前董事長楊克齊先生的支持，及水木書苑蘇至弘先生的協助串連書店，感謝三民書局重南店、島呼冊店、雨樵懶人、籃城、羅布森、日光山、政大書局台南店、有河等書店的共同參與，更謝謝心動電台協助宣傳。

李惠君　二〇二二年一月二十九日

前言

——高高山上行，久久鵝湖憶；
但願世間人，深深解此意！

《高山行》一書，乃我近一年半爬山越嶺時之新著；而《憶鵝湖》一書，則為二十年前離鵝湖書院後之舊作。二書合印，係因知交彭震球教授之愛我舊作，而我則深感舊作重印，若無新意新知，終欠妥當，故有此舉，並題上一詩。憶古禪師有語云：

「向不變異處去，去亦不變異。」

我之《憶鵝湖》，如究其實，會無非是「向不變異處去」。而我之高山行，在離鵝湖後，行之一年，行之十年，行至今日，已是二十餘年。原本因為種植桃梨蘋果，但究其實，亦無非是「去亦不變異」！今彼方有一學人云：「……欲知道術多遷變，請向興亡事裏尋。」要知道固不變，豈多遷變？興亡之事，原屬變異，又豈可變中尋變？所言差錯，固不待說。若本此而言，則二書合印，其意自更深長。

在《憶鵝湖》中，其最可憶之處，是正如《鵝湖集》中所云「等閒覓得新天地」，此是在傳統中覓得新天地。惟在《高山行》中，其最可念之處，則是「等閒闢得新天地」，此乃是在荒山中闢得新天地。若本此而言，則二書合印，由「便自逍遙天地中」，竟一轉而爲有事於天地之間。但一說到有事，又畢竟是無事，而只是在山言山，臨水說水而已。讀者若能於此而不僅觀其文，並觀其心，則在《高山行》一書中，每多題山題水之詩，乃是情不由己，事不由己，當亦不難想見其原由。

在《憶鵝湖》之前，我曾有《從農業看世界》，《農業與時代》及《山川草木》等書之寫作。此乃是在抗日戰爭中流亡之作。惟我中華民族，終於一戰勝日，細思所憑力量，實乃我中華民族歷史文化傳統之力。因此之故，在《憶鵝湖》之後，更談群經論諸子，並論山水庭園花木，以及性情之教與大地人物等等。而爬高山，種蘋果，則爲欲見之行事。至於與《高山行》同類之作，則猶有《臺灣山地紀行》，《臺灣山地日記》，《高山族中》，《山地書》及各資源調查報告等，隨後回至與師友在港所共同創辦之新亞書院中，講授經子與文學時，更有《獅子山頭》，《獅子山頂》，以及四海之外與山川草木外等書之寫成。此等書，原可一起重印，惟分量太多，合印匪易，遂只得姑將此《高山行》與《憶鵝湖》二書合印於此。若繼有所作，仍希全印。

在抗日戰爭中，我深感我中華民族歷史文化傳統之力；在二次大戰後，我更深感我中華民族歷史文化新生之力。蓋在傳統中覓得新天地，必可在荒山中闢得新天地。要知傳統之力，就是開闢之力；開闢之力，就是新生之力。此理至簡，只怕信不及。此力至大，亦只怕信不及。人謂王陽明必可平賊，說是「吾觸之不動」。大概一個人只要能「觸之不動」，便自群魔走開。此在湖山之憶與湖山之行中，亦會每每感覺得到。若在名湖，若在高山，則更有此感。如何如何，讀者正之。

我家廬山，其上有一黃龍寺。寺旁復有一捨身崖，其下深不可測。相傳王陽明平宸濠後，曾偕弟子至，陽明直立崖端，面不改容，而弟子在旁，則皆失色。又憶王船山有語云：

「堂堂巍巍，壁立千仞，心地自爾和平。」

大抵人在高山之上，若非面不改容而心地和平，則高山之行，終不能久。因此之故，高山之行，會是修行。此心遙遙，此志遙遙，固不待說。

我家圭峰，其上亦有一寺，圭峰宗密，即居其中。他習教於澄觀，又學禪於神會。

他前後息慮，相繼十年、他在所著《禪源諸詮集都序》之一書中，自云：

「清潭水底，影像昭昭！」

圭峰距鵝湖甚近，大約和由南巖至鵝湖之路程，不相上下，此正如朱子詩所稱：「鵝湖此去無多路。」此使鵝湖水底，亦復影像昭昭！而鵝湖久久之憶，影像又豈會朦朧片刻？此水深深，此意深深，亦不待說。

時至今日，我別鵝湖，已是二十五載。在《憶鵝湖》一書之前端，我曾將同在臺灣之鵝湖師友，一一記上，以誌不忘。只是二十五年以來，大家儘管是向「不變異處去」，而變化卻是多端。一切千變萬化，人事更是無常。就中鵝湖同學，年紀輕輕，竟在臺灣身亡者前有張君琪珊，後有施君乾炎。而吳君憲勛，蔣君永昌，裘君曙舟等，其家庭又發生變化。若鄭咸和君及余鳳麟君等，則遠走南美，無由一見。由此而念罷今人，更念古人；象山朱子，又豈待言？

由《憶鵝湖》，又憶十五年前之山地。其時與我同在高山行走者，亦復奔向四方，走向八面。大家儘管是「去亦不變異」，然其變化，自亦無端。惟當我由港返臺不久之後，竟在臺北，猶能晤及從四面八方而來之爬山同伴，爲數頗多。對我公宴之餘，並編成通訊錄，由我題詩於其端。我當即題詩二首云：

縱然平地起風雷，猶憶當年舊講臺；忽向四方八面去，還從四面八方來。
欣聞慧命能相續，樂得師生聚幾回；一別匆匆十五載，於今個個是賢才。
難忘昔日高山上，一陣雨來一陣風；自是安危無不共，寧非甘苦盡相同？
生涯既喜花和果，浪迹仍分西與東；憑此數張通訊錄，願長牢記在心中。

於此，我所能說者，便即爲只「牢記在心中」，就是「向不變異處去」；只「中心藏之，何日忘之？」，就是「去亦不變異」。而一到「丈夫自有沖天志，不向如來行處行」時，就更會是「不變異」。由此說到最近之高山行，就更會是「綿綿密密」。無窮之思，不盡之想，都一齊而來，一下而至。

再說到《高山行》一書，我原已請吾妻抄寫，打算影印，以作紀念。而所謂紀念者，除所以紀念吾師吾友、吾父吾母以外，亦所以紀念山河大地，日月星辰，以及各種各樣和萬古千秋之「不變異」。今附上《憶鵝湖》一種舊作，將二書合印，所須加以說明者，暫止於此。惟猶有一附言，即此二書之合印，不能不感謝彭教授震球兄，亦不能不感謝彭誠晃先生，同時仍不能不希求讀者之指正。另附一講詞如次：

種果得果——民國六十二年六月二十八日，在山地果園對農院實習生晚間講演

各位同學：

今天夜晚，我能在此地和大家見面，又和大家談話，我眞快樂。在民國四十四年、四十五年及四十六年三年之中，每年暑假我都主持臺灣山地園藝資源調查，並自兼總領隊，帶園藝系全體教授、講師、助教及主修園藝學系三、四年級同學入山工作。當開始時，橫貫公路尚未興工，故調查期間，因交通阻梗，行程極爲艱巨。調查之後，曾將所獲資料，在臺北市中山堂及全臺灣各大城市舉行展覽，即「橫貫公路沿線園藝資源展覽」；並設立山地落葉果樹實驗園，即此山地果園。在座之李講師，當時即曾以學生身份參加調查。

剛才有些同學要我說一說山地果園以前的情形。如果要從四十四年說起，這便有十八年了。在十八年前，這一帶幾乎都是原始林。果園地址是一片茅草。當時選擇這個地方，是很做了一些探險的工作。這在我的《山地書》裡有一篇「有關山地果園」的信中，曾敍述了不少，希望大家看看。隨後更艱苦的事，接連而來，記得有一次我和一位同事，住在下面的茅寮裏，這時正下雪，而此山中唯一的建築物，也只有此一茅寮。在

茅寮以前，我們是住帳蓬，現在住的木房，是以後才有的，因爲有了木房，才把茅寮廢了。可是當時在雪地裡，若無此茅寮，就無法活下去。爲什麼要在雪地裏住茅寮，並把左臂凍壞還得工作呢？這是因爲從美國各地空運來的苗木，在十二天以內必須定植。事後我曾有一詩記其事，載在《山川草木間》一書中。

漸漸地房子也蓋好了，果苗也長成了，果園四週，還有了八景。我在每一景中曾題了一首詩，這是你們在房子裡所看到的。前人說種瓜得瓜，種豆得豆，而我們也就種果得果了。今天看到果樹長得這麼大，這如何能不快樂？在這裡我順帶還要說一句眞心話，就是只有在無窮的艱苦裡得來的快樂，才是眞快樂！

我今天是由環山、梨山經大禹嶺、翠峰一帶，再由松嶺直下，穿過一大樹林一直而來。在那一大樹林中的一條路，也是我當時親自開闢出來的。做我的伙伴的人是朱長志教授。只是朱教授早已赴美國了。

十八年前我開始著山地果樹的工作，先調查，後展覽，再實驗。這爲的是要使人相信山地可以種果，如蘋果等等。以前有些日本人在臺灣曾試種蘋果失敗，嗣後美國有些專家，也認爲臺灣爲亞熱地區，不宜種蘋果。但目前環山、梨山一帶，分明已處處栽了蘋果等等，山胞爲此不但生活大大改善，而且致富了。據人報導，他們的家中收音機、電視機和錄音機、洗衣機等都有，差不多除了飛機以外，什麼機都有了。退除役軍人之在山地辦農場，辦果園者，也都是生活優裕，百事俱全。

這次，我離開臺灣十四年之後，再承農復會之邀，來到梨山一帶，並在福壽山農場住了一晚，又在臺大梅峰農場住了一晚，在武陵清境等農場也看了很久，親眼看到這種情形和這般光景，回想我以前帶同學來佳陽、梨山、環山一帶，住在山胞茅屋中的情景，眞是恍如隔世，大不相同。我眞不料這十四年來的山地變革，會有如此之大。只一小小的蘋果，就使高山面目，頓然兩樣。這又如何能不快樂。在這裡，我順便又要說一句眞心話：就是只有在精勤的工作中得來的快樂，才是眞快樂。

今晚在這深處，在這森林中，在這果林中，在這眉溪之上的北東眼大山中，在這八景環抱之中，能由萬里而來，不期而遇著你們，並和你們談這一番話。事情是這麼巧，環境是如此特別，所謂「種果得果」，這本是家常言語，但說這話已足夠了。現在你們之中又有些人要我談一點文學，其實生活就是文學，文學也就是生活，大家都努力種果得果，這是生活。大家都樂於種果得果，這便是文學。一個人如果能夠多讀些東西，多寫些東西，更多種些東西，這難道還怕沒有生活嗎？一個人如果又能夠多種些東西，多讀些東西，更多寫些東西，這難道還怕沒有文學嗎？

在人世之間，儘會是感從中來，悲從中來。但是在這裡，卻只有喜從中來，樂從中來。前人有詩云：「榔㮚橫擔不顧人，直入千峰萬峰去。」這又如何能不快樂？但在這裡，我順便還要說一句眞心話，就是只有在不斷的學習中得來的快樂，才是眞正的快樂！

夜深了，明天一早我還要請同來的裘曙舟君教你們一番武功，他是臺北市的國術教練，又是昆蟲學家。祝大家晚安！

目次

前言……015
1. 題高山行……033
2. 福壽山，武陵，武嶺，梅峰，清境……041
3. 北東眼大山三……045
4. 大關山一帶……048
5. 阿里山，祝山……055
6. 玉山……060
7. 梨山，環山，勝光，佳陽，青山……067
8. 能高山林場……071
9. 大禹嶺……076
10. 合歡山……081

11. 四季村，土場，南山村，馬羅亞 …… 086
12. 果園，瑞巖，霧社，廬山，春陽 …… 090
13. 天池 …… 095
14. 慈恩，洛韶，天祥 …… 099
15. 六龜，梅山，桃源，甲仙，小林 …… 105
16. 天龍，利稻，摩天，向陽，埡口 …… 111
17. 東眼山，梨山，合歡溪，天池 …… 117
18. 又上佳陽梨山一帶 …… 122
19. 枕頭山，拉拉山，棲蘭山 …… 128
20. 五上關山 …… 135
21. 七上梨山 …… 142
附　仙跡巖 …… 148
高山行校後記 …… 154

1. 題高山行

我生與山有緣，惟終愧非因仁者樂山之故。第一，我出生於叢山峻嶺之間；第二，我鄉有靈山支脈，有百丈嶺，有鎮頭山等；我鄉之南，又有應天山，有掛榜山，有龜山，有龍虎山，有象山等等；年幼之時，無法不日日與山相對。第三，稍長時則更與西山廬山相親。及南至南海之濱，又識白雲山，瘦狗嶺，以至鼎湖與羅浮諸山。第四，歐遊歸來，抗日戰起，到處奔走，川，滇，黔，桂，湘，粵，贛，閩，皖，浙等地名山，在我《八省記遊》一書中，皆曾一一提及，至今未能或忘。

亂離之際，戰火之中，或迫而遊之，或遁而遊之，或偷閒而遊之，或悶悶不已，知其無可奈何而遊之。遊之之後，每以為樂，惟終非樂山而遊之。及來寶島，越嶺爬山，乃愈多而愈高。迨一度居港九時，因高山未見，雖見一獅子山，亦每留連忘返，成書數冊。去歲返臺，見舊時所爬之山，更有「不圖今日得復見漢家威儀」之概，雖在風雨之中，亦已行走，固不僅「高高山頂立」而已。

高山行罷，不斷回頭；垂垂將老，應可小休。然終未能者，亦不知是何緣故？憶在獅子山頂時，曾有「萬山雀噪如煩厭，只怪心中有未仁」之句，若眞未有未仁，當即有山可樂。此中消息，有誰能得其一二？《莊子・庚桑楚篇》中有語云：「宇泰定者，發乎天光。」果眞高山行而宇泰定，則發乎天光，又何足怪？題詩爲：

題詩（一）

一、自有高山格外青，高山人在雨中行；
祇能走盡泥濘路，始見天邊雨漸停。

二、已是天開兩眼明，高山行處有餘情；
若非一雨方收歇，安得條條大道平？

三、高山更有長流水，一水乾坤洗得清；
雨雪過來溪水漲，回頭萬壑已爭鳴。

四、絕壁懸崖不用驚，高山高處已無形；
天留兩足行來健，雲在高山腳底生。

五、高山但覺一身輕，雷雨動時又滿盈；
風急急來終急去，雲橫正似萬山橫。

六、高山行處有啼鶯，一路啼來無數聲；
安得風和兼日麗，由人踏上是歸程？

題詩（二）

一、去來有跡懸崖上，隱顯無常雲霧間；
一雨滂沱溪又漲，洪流終不到高山。

二、莫嫌雲霧總茫茫，驟雨狂風不久長；
人在高高山上走，高山卻在水中央。

三、高山日夜雨滂沱，聽來猶比看來多；
雖然雨打風吹久，不奈高山半點何！

四、日出高山雲霧消，高山人總是遙遙；
一番雨歇雲收後，腳底紅塵雲外拋。

五、八方風雨又重來，密密雲層不易開；
剩有高山在腳底，方知腳底是蓬萊。

六、風風雨雨沒來由，總信高山可久留；
不惜衣衫全部濕，終當日出萬山頭。

題詩（三）

一、青天在上自悠悠，一任高山萬古留；
忽有危崖滾滾下，必須到底始回頭。

二、雨後高山路斷時，人間事已更難知；
一言眞欲留天下，大道今須大護持。

三、雨過天青雲已破，不須修補雲又來；
風雲幻變高山頂，驟雨狂風第幾回？

四、由此高山到泰初，當然滿目是荒蕪；
要知原始無人處，猶勝南都與北都。

五、萬仞高山近九霄，雲飄飄更雪飄飄；
行行終必歸平地，夢一宵來醒一宵。

六、晴晴時雨高山上，如夢如狂平地間；
漸漸高山行已罷，抬頭又自見高山。

2. 福壽山，武陵，武嶺，梅峰，清境

高山果樹之種植，目前在臺灣梨山、環山及佳陽村一帶，已是滿山滿谷。其所種之果樹，有蘋果，梨和水蜜桃等，皆落葉果樹，係溫帶寒帶之物，原爲亞熱帶之臺灣所未有。此使臺灣山地同胞及榮民之生活，大爲改善之外，並使橫貫公路梨山一帶，成爲國際觀光勝地。惟遠在二十年前，橫貫公路猶未興建，梨山、環山、佳陽等，皆爲高山族部落之名稱。此族屬泰耶魯族，生活甚爲貧苦，所食者僅爲小米和地瓜（紅藷）；臉畫藍紋，衣不蔽體。

其時，我爲改善其生活，並爲山地水土保持計，曾以臺中農學院（現改中興大學）園藝系主任身份，先後率領師生百餘人，從事山地園藝資源調查幾三年，倡導蘋果等之栽培。嗣後更在北東眼大山之頂，設立山地實驗果園，從事推廣。爲此曾成七書，計《山地園藝資源調查報告》三本，《山地紀行》一本，《山地日記》一本，《高山族

中》一本，《山地書》一本，皆已印行。又曾在各大城市舉行園藝資源巡迴展覽多次。所經艱苦，誠不易言。

惟在工作正展開之際，友人邀赴香港新亞書院，雖義所應往，亦理所應留。在去留不決之時，竟被借調而去。且一借十四年，今年五月間始返。不久之後，農復會專家方祖達、張國良兩先生及康有德教授、裘曙舟君等相約赴梨山、福壽山、武陵、梅峰、清境一帶視察。舊地重遊，有如隔世。後更爬東眼大山、阿里山等處，乃成此〈蘋果吟〉，時為民國六十二年七月三日，而重到梨山時，則為六月六日。詩為：

一、十餘年後始歸來，蘋果居然到處栽；
眼見果園都是果，高山不料又重回。

二、山地果園憩此身，風和日麗更如春；
祇今蘋果成林後，誰識當初種果人？

三、回首高山果樹邊，清涼別有一重天；
本來處處皆炎夏，何以高山便不然？

四、當年當日在高山，總把懸崖絕壁攀；
萬苦千辛成一果，寧非一果酬人間？

五、一步高來一步低，一行蘋果貫東西；
若非萬仞山頭上，焉得雲間步步歸？

六、雖是農場亦道場，要知果味十分長；
　　其中自有千秋業，福壽山頭未可量。

七、蘋果栽成無數株，高山面目已全殊；
　　武陵猶有清溪水，倒映青蜂入畫圖。

八、隱隱天池水不波，高高武嶺又如何？
　　梅峰清境好光景，蘋果之外桃李多。

九、阿里山頭更上爬，祝山蘋果倚雲霞；
　　株株正對玉山長，何日玉山觀雪花？

十、眞覺由來無古今，萬山深處見深心；
　　果從此後離牽掛，何不深居果樹林？

3. 北東眼大山

我在北東眼大山頭，設立山地實驗果園。其下有澗水，名眉溪。果園中曾由全世界各地引進蘋果品種五十八種，梨品種四十六種，桃品種三十種，板栗品種十二種，及其他落葉果樹品種多種。當引進此等果樹之初，果園中僅有一茅寮，寮中只容一榻。時正下雪，即在雪地工作，食宿於寮中。其後承農復會之協助，乃於一原始林中，構一木屋，作爲園舍。滯留數年，捨之而去。遠方重回，其樂可想。

本年七月間，與農復會專家在梨山、武陵、梅峰、清境一帶視察後，彼等回臺北，我則與裘君曙舟由梅峰附近之松崗，穿越一原始林，步行至此果園內。曾晤中興大學實習果樹之同學多人，夜談頗久。二宿之後，乃回家中。惟因果樹蟲害，越二月，復與裘君夫婦來此北東眼大山頭。果園管理爲周君一心，係我表弟，又係一退役軍人。果園成立之時，彼即在此工作，從未他往，獨居深山，垂垂將老。又有一同鄉，亦在此時由遠方來。

是日正為農曆中秋日，遂同度此中秋佳節於山地果園之中。晨起雲霧滿園，又天降細雨。入夜則雨收雲散，而一輪明月，照於林間，此情此景，不能忘卻。至於月裡嫦娥之有無，非僅未問，且覺登陸月球，有煞風景。成詩二首，時為民國六十二年九月十一日。

一、又來東眼大山頭，眼見眉溪水自流，
林內好枝原永在，苑中佳果豈長留？
凌晨細雨紛紛落，入夜層雲陣陣浮；
終是一輪明月出，大山頂上度中秋。

二、山地消磨無數春，當然不免憶前塵；
同爲一世雲邊客，盡是中秋月下人。
照舊崖前攬勝景，重新雨後慶佳辰；
惟求處處園林好，不對嫦娥問假眞。

4.大關山一帶

南橫公路，即南部橫貫公路。通常所謂橫貫公路，乃由臺中東勢鎮，橫貫中央山脈，經合歡山埡口至花蓮太魯閣之一公路。即中部橫貫公路。另一北部橫貫公路，乃自桃園復興鄉至宜蘭之山地公路。我自與農復會專家方、張二先生視察中部橫貫公路以後，農復會即與輔導會、臺灣大學、中興大學及鳳山熱帶園藝試驗所合作，成立山地落葉果樹生育調查研究，因我爲最初從事此項工作而不無貢獻之一人，乃請我爲領隊，爲期十八個月。工作即以此等橫貫公路之園藝資源開發爲對象。

我雖退休，終覺義不容卻。乃先從南橫公路開始工作。南橫公路起於臺南縣之玉井鄉，經高雄縣之甲仙，六龜，桃源三鄉，至臺東之海端鄉，其旁爲池上鄉及花蓮之富里鄉。中間山地，有高山族部落，計爲寶來，高中，桃源，勤和，復興，梅蘭，樟山，梅山，向陽，利松，利稻，霧鹿，下馬，嘉賽，新武，初來等。而大關山埡口，則爲最高點，海拔近三千公尺。次爲天池，海拔爲二千二百公尺。西部主要溪流爲老濃溪，東部則爲新武溪。公路全長爲一百七十三公里。

六十二年九月二十五日，我由高雄經佛光山至甲仙，開始工作。同行者，有陳教授澤亞，蔣主任永昌，張技正雙滿等，隨後轉至玉山，又轉往臺東花蓮，更因颱風路斷，延至十月二十九日，始將此路初步調查，告一段落。有詩題此南部橫貫公路一帶風光，時爲六十二年九月二十日至九月三十日。

題老濃溪

（1）南橫公路老濃溪，一出關山處處低；
百折總須歸大海，溪長未免水流西。

（2）溪畔溫泉色已黃，老龍溪澗不能藏；
自從溪喚老濃後，早已老龍藏海洋。

題天池

（1）南橫公路未通時，絕頂風光人豈知？
一水山頭流不去，自應終古作天池。

（2）日月星辰池內洗，丘山林木水中藏，
一清到底清如此，自是天池不可忘。

題大關山埡口

（1）赫赫關山埡口前，隻身又在萬峰巔；
南橫公路穿雲出，更在關山另一邊。

（2）一邊西來一邊東，人在懸崖絕壁中；
又在茫茫雲霧裡，終須一見是青空。

題新武橋

（1）橋頭路斷雨滂沱，濁水橫流新武河；
為問溪山奚所似？當初面目已無多。

（2）颱風過後木飄浮，雜亂橫陳古渡頭；
濁水源流溪石出，眼前依舊是清流。

題佛光山（六十二年十月十三日）

（1）佛光從地層層起，又自天邊冉冉來；
人在佛光山上望，心開天地一齊開。

（2）佛光南北東西至，更向東西南北流；
人在佛光山上轉，回頭世界亦回頭。

5. 阿里山，祝山

當爬登南橫公路天池時，深覺天池風光絕佳，除可廣植蘋果外，並可作一觀光勝地，乃詳詢一切，始知天池一帶，屬於玉山林班，故決轉道赴玉山地帶一觀。因爬登玉山，須先至阿里山，再登祝山，復經東埔一帶，始可到達，故有阿里山與祝山之行。時為六十二年九月二十八日，同行者除陳教授澤亞，蔣主任永昌，張技正雙滿外，復加入裘曙舟君及其夫人萬小燕女士。

祝山有一果園，亦植蘋果梨等落葉果樹，係一退役軍人張君所開闢。蔣君與彼熟悉，因留於該園。通常人多爬登祝山觀日出，山上並有觀日樓。惟在該果園觀日出，則較觀日樓尤佳。祝山下至阿里山，可觀姊妹池，三代木及神木等，而以神木最為壯觀。

神木已三千年，往日在臺中農學院時，曾帶領園藝系同學鄧端端、陳坤範、吳俊、翟明等往該處作觀賞樹木之實習，曾為彼等講神木之美。謂此乃時間之美，並為最高級之美。其次爲社木。社木之美，乃大而化之之謂聖，而神木則爲聖而不可知，故爲大寶。此次在祝山果園曾留二日，以籌劃玉山之行。在此二日，遙觀日出，詳觀神木，並爲詩云：

題祝山果園（六十二年十月一日）

（一）雨後園林劫後天，夕陽紅到祝山前；
雲間一一峰巒好，指點何人大壑邊？

（二）結果終須緩緩結，開花未便匆匆開；
時澆清水斜陽下，儘有金黃色彩來。

題祝山日出（六十二年十月一日）

祝山觀日玉山邊，霧裡雲間已朗然；
一道光芒一眼下，萬般景色萬峰巔；
流霞似錦藏千壑，滴露如珠滿百川；
欲把一言來道破，無非日出在青天。

題阿里山神木

六十二年九月三十日

（一）三千歲月悠悠去，過眼風雲過眼花；
縱是皮膚全脫落，鐵枝幹裡有新芽。

（二）既有新芽寧有語？原爲古木又爲神；
如今鐵路從旁過，更見匆匆過往人。

（三）長默默中根著地，永欣欣下幹擎天；
祇因留在高山上，萬變由來總不遷。

（四）高山更在深山裡，一木仍居眾木中；
神木本來非異木，天風早已是家風。

6. 玉山

玉山乃東南亞最高之山，有四千公尺。此乃指玉山主峰而言。另有玉山北峰，玉山南峰，玉山西峰和玉山東峰，峰峰皆險峻。而人所爬登者，多爲主峰。玉山途中有一斷崖，名夢露斷崖，此乃紀念美國一空軍上校名夢露者，因爬登主崖喪命於此處。其他遇險者時有所聞，故人多以登玉山爲冒險。

我與陳教授澤亞，蔣主任永昌，張技正雙滿及裘曙舟夫婦，皆係第一次爬登，遂莫不有其戒心。爬登之時，適爲六十二年之重陽節，即十月四日。我等先一日清晨乘林班小火車至東埔，旋即步行至排雲山莊，經過冷杉林，大削壁一帶。到達之後氣溫頓降，時已薄暮。因裘氏夫婦於夢露斷崖，憩息過久，故到達頗遲。當日天氣甚佳，如遇風雨，則不堪設想。夜宿山莊，滿天星斗。萬山深處，似非人間。

第二天，清晨五時許，乃爬登玉山主峰。原欲觀日出。但經風口崖到山頂時，日已昇起甚高。惟雲海無邊，極爲壯麗。山頂之前方，有一稍低而奇險之石山，多怪石，並多異草。我曾爬至其上，採集標本；大風吹來，幾被吹倒。離此石山後，復由玉山山頂，下至排雲山莊。更由排雲山莊，再經大削壁冷杉林一帶，返抵東埔，宿東埔山莊。夜看玉山，已呈模糊。

歸來後，颱風頓起，洪水成災，鐵路公路多被沖毀。回思玉山道上，日麗風和，更欲重往。作玉山吟。時爲民國六十二年十月五日，即重陽節後一日。

一、欲識玉山頂上情，風雲起處看分明；
人人都說玉山險，踏上山頭險亦平。

二、若問玉山頂上行，爲何步履未能輕？
祗因夏日如冬日，腳底峰巒看不清。

三、況又重逢重九日，一身初上玉山巔；
猶思越過洪荒去，直到天山另一邊。

四、玉山四顧皆雲海，只有東西南北峰；
莫不峰從雲裡出，眞如腳底是群龍。

五、排雲排雨有山莊，人是玉山深處藏；
入夜滿天星斗在，明明造化不尋常。

六、半壁山成大削壁，是誰削去半邊山？
如今行走玉山道，兩手仍爬削壁間。

七、兩手焉能變古今？一心終羨冷杉林；
玉山道上清泉出，洗手還須洗一心。

八、夢露斷崖一側留，爬山人各有千秋；
玉山自古風光好，失足終當恨不休。

九、月明明下是東埔，另有山頭一小廬；
夜夢如何塵未盡？玉山望去總如初。

十、玉山若說已離塵，誰作玉山頂上人？
萬仞懸崖留小草，花開即是玉山春。

十一、冬來風雪又如何？自是玉山頂上多；
不盡春藏風雪裡，永為無限好山河。

十二、玉山日出在雲霄，山益高時日益高；
遙見太平洋裡水，海濤終不似松濤。

十三、最是玉山風口石，幾經風化已成埃；
有人偏在風中立，說道時時欲再來。

十四、玉山回首白雲封，自是雲間第一峰；
山頂方思題一語，白雲已蕩此心胸。

十五、人在四千公尺上，抬頭人只見青天；
青天底下玉山頂，畢竟無由免掛牽。

十六、若自玉山天外望，不由人不更思量；
　　崖邊一路歸來好，澗水已先歸海洋。

十七、都在玉山一望中，水流西更水流東；
　　東西水入東西海，到此乾坤又不同。

十八、若問玉山何所有？一山自有萬山環；
　　萬山復自海中出，難得山頭一往還。

十九、道在玉山寂不華，賓朋三五盡情爬；
　　從容一別颱風起，各各平安已到家。

二十、暴雨人間路未通，方知道滿玉山中；
　　何時再上玉山頂？更見天邊道不窮。

二十一、欲在山頭留好音，偷閒且作玉山吟；
有何光景雲間見？但見雲間無古今。

二十二、若說只顏題一語，雲間一語亦難尋；
玉山頂上無窮意，吟罷惟留一片心。

7. 梨山，環山，勝光，佳陽，青山

民國六十二年十一月十日，與中興大學潘教授貴昌及翁愼微、洪登村二同學和林煥章君等，開始作中部橫貫公路之行。此行分三個路線：第一線爲佳陽梨山線，第二線環山勝光線，第三線爲大禹嶺霧社線，而從第三線開始。

雖此線工作艱苦，但同行者皆善行走，而又年富力強，故進行順利。先至山地果園，一宿之後，穿原始林，步行至梅峰。惟將至梅峰時，我竟跌傷左腿，故抵臺大農場後，因無車至大禹嶺，乃帶傷赴清境農場，又經霧社而返臺中。至十一月十六日再與范教授念慈、陳教授澤亞及翁愼微，葉美麗，施彩秀，何文琇，江滿騰等同學上梨山，開始第二線之工作。隨後又與李教授小範、高教授琦瑛及陳新竹，柯多秋，許淑慧，黃聘珠，李如華等同學從事第三線之工作。

憶昔在佳陽時，曾與部落頭目吳君相識，其女因伴其子就學於臺中，俱宿於我家甚久，與我妻俱甚相得，別後亦常往來。嗣後，其女因婚事起波折，幾至影響雙方性命，我曾爲此事上山，並將其中問題解決，使其婚姻美滿，而獲以後之幸福。此皆因雙方對我信賴之故。及今思之，人之相與，確在一心。而仲尼之所以欲居九夷，其故亦可想見。

又憶在梨山時，曾有一爲我負行李之小童，今已成千萬富翁，而環山之富翁，更不知其數，此皆因種植蘋果、桃與梨而來。乃作梨山行之詩，時爲民國六十二年十一月十九日。

梨山在以前是被稱爲桃源。後因產梨，方名梨山。勝光在以前是被稱爲有勝，以後則不知何故，易名勝光。佳陽因水埧之故，一部分遷至山頭，名佳陽新村。原址遂稱老佳陽。

梨山行

（一）由梅峰至梨山（原名桃源）

走近梅峰跌一交，幸傷左腿未傷腰；
不能喪足如遺土，又上梨山走一遭。

（二）由梨山至環山

環山更有眾山環，非復當年部落間；
蘋果梨桃千萬樹，不能相見不相關。

（三）由環山至勝光（原名有勝）

一路山光即勝光，山行眞不勝煩忙；
崖邊坐視武陵水，足下忘時天下忘。

（四）由梨山至佳陽

惟有佳陽在一邊，令人長憶是當年；
佳陽山對佳陽水，一片雲飄一水前。

（五）由佳陽返梨山

行行又返到梨山，梨葉飄浮大壑間；
眞似風吹蝴蝶舞，分明另是一人寰。

（六）由梨山經青山而歸

一水千年爲綠水，一山萬古是青山；
一身若問歸何處？總在青山綠水間。

8. 能高山林場

由中部橫貫公路返臺中後，左腿跌傷猶未痊癒，又與中興大學羅校長，宋教務長，貢院長及劉主任等多人赴能高山林場。晨八時起程，夜宿關刀溪招待所，時為六十二年十一月二十三日，日間曾至前中興大學湯校長惠蓀殉職處。憶我赴港時，湯校長夫婦餞別，不意一別十四載，我歸臺後，彼竟歸土，為之長嘆。

翌晨，復與羅校長等經霧社至能高林場第十九林班。北東眼大山之山地果園，即在此十九林班之頂端。羅校長等在山地果園巡視之後，下午即返臺中，我一人因腿傷未痊，則繼續在果園內，停留數日，以資休養，並曾至水源地原始林一帶，緩步週遊。

果園內僱用兩山胞，常與我親近。有一山胞，住春陽附近，無父無母，見人即笑，人以為痴。我昔在春陽，曾與臺灣大學農學院代表及臺灣省府建設科長等人與山胞代表開會，商討春陽臺大農場糾紛。開會開至深夜，問題久久未決，我因從事調查山地園藝資源，與山胞熟悉，曾起立發言，謂個人可以保證。山胞即信而不疑，遂成立協定。今在果園遇此春陽人，故又憶及春陽事。

此春陽人與另一山胞善打飛鼠，當時曾與共食飛鼠肉，並曾購飛鼠皮以歸。歸時山胞駕駛機車送我，險墮崖下，而右腿又因機車翻倒，以致受傷。乃更作山地果園吟，時為民國六十二年十一月二十八日。

山地果園內，昔曾由同行師生，評定八景，1.古木參天 2.薄暮彩霞 3.深山飛瀑 4.雨後長虹 5.林間明月 6.翠嶺奇花 7.懸崖攬勝 8.山地果林。皆有詩。

山地果園吟

（一）總是出山又入山，雖傷左腿不思還；
重來山地果園後，眞欲長居果樹間。

（二）此中寂寂夜無邊，臥對名山名八仙；
夜半如何人獨醒？轉身又睡到明天。

（三）起來獨步未能休，緩步仍須四處遊；
萬水千山藏百果，終當正果此中修。

（四）小鳥啾啾一片心，有何言語到如今？
落花枝上傳消息，流水聲中演法音。

（五）風聲起處水聲揚，終覺腿傷不是傷；
自信本來無創久，青山相對已相忘。

（六）不妨林下久徘徊，細雨濛濛不欲回；
應是一身無足惜，但欣能向果中來。

（七）造化由來總不殊，等觀露水與明珠；
雲開既已開天日，照眼分明一畫圖。

（八）人從山北到山南，天色藍時水色藍；
往返果園憑一腿，牢牢記得是晴嵐。

（九）門外窺來一片黑，抬頭終見滿天星；
萬山深處藏於密，安得果林成聖林

（十）一別千峰更萬峰，驅車疾走有如龍；
已傷腿後又傷腿，羨煞山頭一果農。

9. 大禹嶺

由臺中縣東勢鎮經秀茂坪，和平，天冷，谷關，青山，佳陽，梨山，合歡溪，到合歡山埡口旁之大禹嶺，乃中部橫貫公路之西段。大禹嶺海拔高為二千六百公尺。由大禹嶺而下，海拔漸漸降低。經關原，洛韶，古白楊，西寶，天祥而至太平洋濱之太魯閣，則為東段。

以前我步行之路線，與此稍有不同，當我由東勢步行至梨山後，即直至合歡溪底，再乘兩次索道上至天池，更至北合歡山頂，凡二千九百餘公尺。旋下至關原等地，其時猶不知有大禹嶺之一站，亦不經過大禹嶺。我原擬與潘翁洪諸君由霧社經梅峰、翠峰、武嶺一帶，直上至大禹嶺，乃因在梅烽近旁之原始森林中跌傷左腿，遂由梅峰折返臺中。

六十二年十二月一日，我與李教授小藩，高教授琦瑛偕五位同學開始調查梨山至宜蘭一線，當將梨山，環山，武陵，勝光，松茂一帶調查完畢以後，猶有餘暇，遂於十二月四日更與五位同學赴大禹嶺，以補足前此未完成之工作。我等到達大禹嶺時，已是傍晚，遂宿於青年旅舍。連日武陵一帶下霜，而大禹嶺前數日更下雪。

此時大禹嶺無雪有霜，已是零下二度。室外濃霧滿空，群居室內，夢想與風聲並至。晨起天氣晴朗，四處行走。嶺頭頗平，有梅苑，有松檜，有山莊，更有雲海。有時遙遙似見太平洋，滿山落葉，又似滿山花朵，遂題十詩，時爲民國六十二年十二月六月。同行之五位同學，乃柯多秋，黃新竹，黃聘珠，許淑慧，李如華，皆屬園藝系四年級，即將畢業者。

題大禹嶺

一、大禹嶺頭一陣風，風前夜見霧濛濛；
只因萬象難分辨，遂覺關山又不同。

二、大禹嶺頭一夢遙，遙遙醒見白雲飄；
群峰莫道無由識，早已群峰識我曹。

三、大禹嶺頭一日晴，晴時更見嶺頭平；
高山流水綿綿意，惟有行人兩眼明。

四、大禹嶺頭一代人，人人都見萬山春；
萬山春在懷中暖，一任風霜滿一身。

五、大禹嶺頭一樹松，松旁恍見昔人踪；
果眞忘卻來時路，定隔江山無數重。

六、大禹嶺頭一面爬，爬來似見滿山花；
回頭卻是千山葉，爲染天邊一片霞。

七、大禹嶺頭一草堂，堂前洞見一燈光；
儘多造化燈光下，無限清明室內藏。

八、大禹嶺頭一苑梅，梅開未見見雲開；
溪間更有長流水，雲水隨身一道來。

九、大禹嶺頭一路長，長年隱見太平洋；
嶺旁更有天池在，念到如今總未忘。
十、大禹嶺頭一別時，時來總見好花枝；
人歸處是春歸處，來願早來去願遲。

10. 合歡山

六十二年十二月五日，因參觀合歡農場之便，曾爬至合歡山頂，時正積雪未消，又逢電影公司在該處拍攝大摩天嶺之外景，頗爲暢快。同行者仍爲陳新竹等同學。曾一人走至崖邊，四處觀望，又曾在中途覓天池。經人指引至一水池，謂即北合歡山之天池，惟細細觀之，終非昔日所到之天池。一爲大小不同，二爲景色不同，三爲可開發之土地面積懸殊。

就記憶所及，昔日所見之天池，直徑有一百五十公尺左右，池之一端，盡爲黃檜林木參天，而四週空曠平坦可利用之土地面積，估計有數百公頃。自遠非今所見之所謂天池可比，亦非南橫公路之天池所可及。

我在我所著《臺灣山地日記》一書中，曾記載：「天池高約二千七百公尺，白天有太陽時尚暖，入夜即似初冬。」其時平地則爲炎夏。又載：「傍晚天池四周密雲滿佈，並有雷聲，知四周正下大雨，當時以爲天池亦將下雨，竟不料猶是一輪明月。」其時平地不僅下雨，而且山洪暴發，農復會以爲我等遇險，正擬以直升機救援。但我等於欣賞此天池之夜以後，已安然到達溪畔，與各方取得聯絡。

往事如在目前，不料今又登合歡山頂。世界變幻，天色變幻，個人心情終不能不因之而變，惟萬變之中，總有不變者在，思之思之，又果如何？爲詩十首，時爲民國六十二年十二月七日，以此題合歡山，亦以此誌感。

目前合歡山頭，已設有冬令滑雪場，又有一松雪樓，可以住宿，實遠非昔日之合歡山，所可比擬。

題合歡山

一、合歡山上望天南，眼見無邊天色藍；
一陣風來億萬里，終難吹走是峰巒。

二、合歡山上望天北，眼見無邊天色白；
古往今來億萬年，風雲變化眞難測。

三、合歡山上望天西，眼見無邊天色迷；
大雪曾飄億萬片，層層雲壓萬山低。

四、合歡山上望天東，眼見無邊天色紅；
一轉青天億萬載，青山綠水萬方同。

五、合歡山上望天顏，眼見無邊天色閒；
星斗隱藏億萬個，曾無一個落人間。

六、合歡山上望天心，眼見無邊天色陰；
默默禱來億萬遍，天無一語到如今。

七、合歡山上望天明，眼見無邊天色晴；
日麗風和億萬代，安能萬代是清平？

八、合歡山上望天開，眼見無邊天色回；
自是天光億萬丈，隔山隔水隔天來。

九、合歡山上望天涯，眼見無邊天色佳；
春至花開億萬朵，滿懷歡喜是人家。

十、合歡山上望天外，眼見無邊天色在；
雲海深深億萬重，一身出入雲和海。

11. 四季村，土場，南山村，馬羅亞

六十三年農曆年後之初五日，即陽曆一月二十七日，我即由臺北市乘火車至臺中市，宿蔣生家。翌日，更偕中興大學園藝系四年級生陳慶章，井自強，易業華，許淑慧，黃杪嫣，呂路路，洪瑞珠，田櫻花，吳焜諸同學，重赴梨山。其時園藝系主任林樂健教授及植病系主任孫守功教授亦同行。

到梨山時，晤梨山管理局局長金軺兄，渠與我相識多年，上次赴梨山時，亦承其協助招待。此次又承其協助，更招待我等住於管理局招待所內。當時梨山旅館客滿，若未遇金局長，則我等住宿即成問題，盛情感人，自難忘卻。晉法顯山行，見晉地一白絹扇，不覺淒然。今我山行，忽逢故友，並供住宿，自只覺其喜。

嗣後我等更分三隊，一由林主任率領至武陵農場一帶，一隊由孫主任率領，留在梨山，並調查梨山附近地帶。我則與井自強同學爲一隊，由我率領，由梨山至勝光，並

越過思源（即鞍部）沿濁水溪至南山村（即俾仔南），馬羅亞，四季村，更經留茂安，獨立山至土場。到土場後，復沿溪而上。工作完畢後，乃經牛鬥一帶至羅東乘車而返臺北。已爲二月三日。其時天雨，桃李盛開。

回憶往昔在此一帶調查情景，及爬登太平山，大元山，獨立山等處所見所聞，猶有餘味。此在我以前所寫《在高山族中》一書內，詳予記載。而在四季村，土場，馬羅亞平臺地及俾仔南時，更使人留連，不欲離去。今日重來，已隔別十八載，而溪山面目，雖是變更甚多，惟終似未變。爲詩云：

（一）題四季村

雙溪橋下雙溪水，四季花前四季村；
村犬每從雲裡出，山家門已似雲門。

（二）題土場

眼觀綠水全般綠，面對青山整個青；
更見桃花紅朵朵，行雲停處有人停。

（三）題馬羅亞

馬羅亞是大平臺，昔日人會越嶺來；
一片白雲遮蓋處，種梨種李種桃梅。

（四）題南山村

南山村本喚俾南，只見山青水又藍；
記得黃菇（註）眞味好，桃花今更映深潭。

註：黃菇爲俾南山產，十八年前，調查俾南山地園藝資源時曾食之。

（附）題濁水溪　四十四年八月五日

去歲曾逢濁水漲，今來濁水已無踪；
汽車駛在溪床上，大道原存濁水中。

12. 果園，瑞巖，霧社，廬山，春陽

當我由土場、羅東經臺北返臺中之後，隨即偕陳美吟，陳森茂，黃聘珠，蔣麗兒，何文琇同學，同赴中興大學山地果園，同行者猶有范念慈教授。在果園停留一日，更步行至一山地部落，即瑞巖，山胞呼之爲媽斯托邦。在媽斯托邦宿一晚，又去一新部落，名慈峰。復由慈峰爬山至翠峰。曾爬上千餘公尺之高，見梨與蘋果，在山谷中栽培，一似滿山滿谷。

到翠峰後，更乘公共汽車至梅峰，松崗，幼獅，春陽等處，再至霧社。一宿之後，復經春陽去廬山溫泉，停數小時，旋又上廬山部落。當抵達時，檢查站人員因入山證上未寫明廬山，使我等折返廬山溫泉，並留宿一晚。曾到溫泉源一行，風光絕佳。

第二日清晨於調查工作完畢後，又經春陽返霧社，轉赴清境農場，在榮民新村從事訪問。傍晚之時，重回霧社，復因旅舍客滿，迫而夜宿埔里。行色匆匆，頗爲勞頓。惟

終較十餘年前在此一帶調查爲輕鬆。時爲六十三年二月四日至十日。

憶昔在東眼大山頭創辦山地果園時，眠於雪地茅廬之中，隨後花開頗盛，惟未必有花皆結佳果。又憶昔在媽斯托邦，更至麻里巴，即望洋之時，曾兩度開晚會，戴歌載舞，明月之下，萬山之巔，樂而忘疲，不辭跋涉，一行多人，一走九十日。更憶昔日往返於霧社時，夜話山頭，望萬大水埧，其時櫻花盛開，亦如未睹，只於白雲開處，見霧社人家。說到霧社春光，原不爲少。惟滿樹未見梅花，終以爲憾。題詩云：

（一）題廬山

廬山本是我家山，何故廬山在此間？
誰挾廬山蹈大海，在雲浮處鎮狂瀾。（我家江西有廬山）

（二）題廬山溫泉

廬山深處有溫泉，源出懸崖另一邊；
滾滾流來溪澗裏，也能溫暖一邊天。

（三）題廬山溫泉源

源頭活水更溫然，難得溫流到眼前；
不是在山仍舊熱，祗因春在此山巔。

（四）題春陽村

雖然不是水雲鄉，一樹桃花在水旁；
雲裏重來何所見？桃花樹下見春陽。

（五）再題山地果園

果園眞不厭重來，安得繁花一一開？
未必有花皆有果，終須佳果雪中栽。

（六）題瑞巖

又到瑞巖部落家，不辭跋涉作生涯；
一行三五人同走，滿眼滿山滿谷花。

（七）題霧社

雲開霧社見人家，樹樹紅櫻燦若霞；
若識寒梅眞處所，春光終不在櫻花。

13. 天池

天池在臺灣有多處，前述南橫公路大關山側之天池是其一，又梨山福壽農場頂上之天池是其二，此外奇萊山頂聞亦有天池。現所謂之天池，乃北合歡山頂之天池，已被改爲天鸞池，係由中部橫貫公路大禹嶺旁之松泉崗直上。松泉崗之下爲碧綠溪，更下爲合歡溪，溪水全清，而天池之水尤清。

由大禹嶺至松泉崗凡六公里，由松泉崗至天池爲四公里半。二十年前我曾率領臺中農學院園藝系教授、學生等多人，由梨山步行至天池，其地標高爲二千九百六十餘公尺。其上空曠，有一、二百公頃之土地可以利用。池之直徑約一百五十公尺。池旁有檜木林，又有一破茅寮。當時無處可宿，遂宿破寮中凡一夜。明月照破茅寮中，而山下則大雨，山洪暴發。人皆以爲我等遇險，欲派直昇機拯救，惟不久我等已安然步行至花蓮境內。

我在《山地日記》一書中，述及此事，此事如在眼前。此後屢次欲重來而未果，今特於六十三年三月二十九日組一爬天池隊，有中興大學教授范念慈、陳澤亞及學生陳森茂、鍾福清、黃瑞祥等同行。先至大禹嶺，翌日即上天池，而破寮已不復在，其他則仍似往昔。

此次重上天池，至四月一日，成詩五首為：

（一）

一別天池二十年，清涼參透水中天；
若非慧眼觀天日，仍是凡心不是禪！

（二）

憶昔茅寮頂已穿，一輪明月照人眠；
若非直上雄峰頂，仍見人間不見仙，

（三）

早已青天與水連，一池千古在雲邊；

若非出入風雲外，仍屬風塵不屬玄。

（四）

禪似水時水似禪，境如仙處景如玄，

恁般說到天池好，更覺難忘古聖賢。

（五）

一水高高總是泉，為誰流出萬山巔？

全般匯作天池後，豈必無人闢地天？

（附）初上天池——四十四年七月三十一日

（一）

爬山直上三千尺，一水天邊作一池；
倒映許多黃檜柏，清涼月出已遲遲。

（二）

雲低四面成雷雨，不料天地卻是晴；
月照破寮光縷縷，無人洞悉此中情。

（三）

即此山光並水光，猶思寄語告諸方；
夜來縱是山洪發，明日終當越太荒。

14. 慈恩，洛韶，天祥

民國六十三年三月二十九日為上去天池，下到西寶，特成立一個調查隊，有教授范念慈、陳澤亞及同學陳森茂、鍾福清、黃瑞祥等參加。是日宿大禹嶺山莊，翌日上天池。隨後乃經慈恩，洛韶，谷園，文山至天祥，以調查西寶農場。慈恩山莊曾一宿，其處梨樹不少，有慈雲橋。洛韶山莊又曾一宿，其處有雙溪合流，有工程處，有水文站，有慈恩堂，並有水蜜桃與梨樹頗多。其時下雨，濕盡衣裳。夜臥聞溪聲，又聞雨聲，因成詩四首分題慈恩與洛韶二處。

谷園為西寶農場場本部，主任為康礎堅先生，為人朗爽，親自陪我等至文山調查文山一農莊。因車拋錨，乃徒步返谷園。途經一懸崖，見墮車殘骸，中心惻然。旋又至文山乘班車至天祥，夜宿天祥山莊。

天祥昔名大北投，二十年前曾第一次由天池徒步至此。翌日復由天祥回至松莊調查。松莊亦係西寶農場之一部分，其時天祥服務部之孔慶祥君親自駕車送我等前往，其情可感。彼係我小同鄉，故一見甚親熱。

午後回抵天祥，仍宿天祥山莊。曾至文天祥塑像前行禮，又至祥德寺，祥德塔，孟母亭，稚暉橋等處一遊。風物宜人，令人不忍離去。惟再宿之後，又返臺中，續成詩多首，分題天祥，文山及谷園懸崖如次：

題慈恩山莊

（一）

山愈高時水愈流，慈恩莊在水源頭；
慈恩若問留何處？道是滿山滿谷留。

（二）

彌天漫地見慈心，惟有慈恩無古今；
大壑溪流雲裏響，明明響處是慈音。

題洛韶山莊

（一）

於今又作洛韶行，四面青山雨更青；
二十年來丘壑裏，桃花朵朵看分明。

（二）

洛韶一夜雨聲中，更有溪聲入夢同；
曾是泥濘途上走，山莊一枕洛韶風。

題天祥村

（一）

大北投村近海洋，天風一出是天祥；
若非正氣留天壤，誰使山青日月長？

（二）

二水合流更向東，吹來風正是天風；
祇因一夜濛濛雨，萬古青山又不同。

題文山——文山在天祥之旁，亦即昔日大北投之側。

路轉山迴水不回，源從大禹嶺頭來；
誰知霧裏山間月，一到文山霧自開。

題谷園懸崖（年初發生大車禍）

此間車禍已非輕，誰向懸崖險處行？
若使駕車無一失，千山萬壑不須驚。

15. 六龜，梅山，桃源，甲仙，小林

六十三年四月二十三日，我率隊第二次入南橫公路，乃先由高雄經旗山至六龜，一宿之後，又直上梅山，更至天池。因大關山埡口一段路斷，抵返梅山山莊。一宿之後，又經樟山，梅蘭，復興，勤和至桃源，更由桃源經高中，寶來而宿於甲仙。同行者初爲陳教授澤亞，張技正雙滿及蔣生永昌。

到六龜後，六龜王分局長復送至天池而與張技正同返。至甲仙後，陳教授又與蔣生同返。我一人則由甲仙至玉井，途中見「全山移動，行車小心」字樣。又由玉井經玉山村返抵甲仙。不久之後，蔣生返甲仙，乃同赴甲仙農場。先經小林，至三民鄉，又上錫安山。

甲仙農場面積有六千餘公頃，爲此農場，又和蔣生至岡山農校晤宋校長。隨後復返高雄，候陳教授及裘生曙舟。到後，更同赴臺東。經關山，海端，而至初來，下馬，

霧鹿，天龍橋，利稻，摩天，栗園，利松，向陽，埡口，回宿利稻山莊。次日並由東面而入大關山隧道，回抵天池梅山一帶，重宿於甲仙。又次日，我再與裘生曙舟赴甲仙農場，陳蔣二君則先返臺中。

此行人事與天候之變化，皆甚大。所經之處，亦難一一書寫。當由甲仙農場返甲仙時，途遇大雷雨，惟又遇一便車，安然沿楠梓仙溪及荷蘭山而返甲仙。甲仙聞乃一種族名，我意實爲譯音，即荷蘭文「船長」之意。其旁乃是荷蘭山，當爲昔日荷蘭人之一集居處。臺灣有甚多地名，皆不可解，要皆爲荷蘭文之音譯。至五月十三日由甲仙再至玉井，經新化轉臺南，一宿之後，復由臺中返臺北。爲詩云：

題六龜

（一）溪山無處不稱奇，一地人人名六龜；
安得六龜浮大海？蓬萊頂上望雲霓。

（二）聞道龜山日月長，六龜山更鎮南荒；
風風雨雨纔停息，又是人間好地方。

題梅山山莊

（一）梅山頂上有山莊，不見梅花一樹香；
試問何人藏大壑？心隨流水水流長。

（二）惟有梅山山上月，霧茫茫裏露清光；
若非星斗全般現，一一峰巒都隱藏。

題桃源

（一）遠遠尋來道路長，桃源中見老婆娘；
幾多歲月都忘卻，稻色青青卻不忘。

（二）桃源難得路全通，景色如今已不同；
到此無須驚世變，乾坤亦在密移中。

題甲仙

（一）昨夜一輪明月中，甲仙自有甲仙風；
起來一望知何似？水綠山青日又紅。

（二）始覺高山漸漸平，仙家甲乙豈分明？
放懷又見青天下，更有峰巒一色青。

題楠梓仙溪

（一）楠梓仙溪出玉山，荷蘭山又在溪間；
甲仙月色分明下，照見心胸總不難。

（二）玉山頂上是源頭，楠梓仙溪萬古流；
出處愈高流愈遠，甲仙橋下白雲浮。

題玉井

（一）南橫公路此開端，山愈高時水愈寒；
一宿今宵留玉井，井中寧復有波瀾？

（二）玉井人家事事安，看來日日有餘歡；
祇因芒果株株好，大地山河亦改觀。

題甲仙農場

（一）山路行來汗不揩，眞如兩腳上天階；
忽然一陣風雷雨，憂滿懷中樂滿懷。

（二）山頂農場一再來，風雷亦復巧安排；
個中造化無窮盡，雨後天心又頓開。

題小林

甲仙雨後覓仙鄉，楠梓仙溪水已黃；
路過小林忘遠近，不知身又到何方？

16. 天龍，利稻，摩天，向陽，埡口

我第一次爬南橫公路，原由高雄從西面而入，但到天池埡口後，因路斷改由南迴公路乘車至臺東而上。惟又因颱風之後，路基全毀，終未走通全線。第二次入南橫公路，乃在半載之後。原以爲路已全通，但當由高雄至六龜，更上至梅山天池時，又因路斷而改由南迴公路至臺東而上。當時能通與否，仍無把握。惟決心走通全線，準備步行。

但乘車到天龍橋後，全線竟通行無阻，爲之心喜不已。其時同行之人有陳教授及蔣、裘二生。二生皆善行走。天龍橋側，有溫泉旅舍，又有一吊橋，名離婚橋，乃昔日日人夫婦在此離婚之處。此處景色較新武橋畔尤佳。有人計劃於天龍橋至利稻之中間闢一觀光區，構想頗佳。

利稻爲山頂之一大平原，眞有如桃源仙境，令人不欲捨離。其地有一山莊，一宿之後，又至摩天。在摩天嶺，有人擬設摩天公園。其上有一日人炮臺。更上爲栗園，有板

栗多株，樹已大，乃日人所植。由此而行，經利松而至向陽。此一帶，據云係以前日人訓練山胞侵犯大陸之基地，約有一千公頃之大。

向陽之上，爲大關山及小關山，並有關山埡口山莊，惟未完成，尚不能留宿。只能越過關山，西入天池而至梅山。時遇記者一群，同進午餐，初不料此行竟如此順利。隨後又經樟山，梅蘭，復興，桃源，高中，寶來而至甲仙。

時爲六十三年五月十二日，成詩多首，至天龍轎時有詩，經下馬時有詩，過霧鹿時有詩，宿利稻時有詩。隨後到摩天、到利松、到向陽時，皆有詩。而在埡口山莊時，雖未住宿，仍題一詩。連以前在南橫公路西線所題之詩，已是處處有詩，以作紀念。

題天龍橋

山如龍更水如龍，復有天龍橋似虹；
人在天龍橋上過，行雲行處正從容。

題下馬

憶昔懸崖路斷時，雲邊下馬更何之？
颱風曾使河山變，不變河山總可知。

題霧鹿

山非低小路非平，霧鹿人家看不清；
若問因何雲霧滿？只因方雨又方晴。

題利稻

（一）一地由來別有春，山頭日日是良辰；
白雲裡面油油綠，更見耡雲耡土人。

（二）利稻光景未遑論，出入終當有一言；
豈必纖塵都不染？須知土裡始生根。

題摩天

南天有嶺喚摩天，愈是高來愈有泉；
泉水直流流到海，看來仍舊在雲邊。

題利松

大關山更小關山，山下奇松利往還；
出沒無非雲海裏，如何身不在雲間？

題向陽

自有陽光東面來，向陽應早見春回；
雲邊古木浮天際，眼見青天一路開。

題埡口山莊（埡口山莊在大關山隧道之旁，屬臺東縣）

埡口當年阻未通，今來埡口貫西東；
前時路斷斯時續，都在風雲斷續中。
於今埡口有山莊，正在關山隧道旁；
絕頂風雲雖緊緊，腳跟立定自堂堂。

17. 東眼山，梨山，合歡溪，天池

六十三年七月三日由臺北至臺中，又至埔里。次日清晨赴霧社轉松崗，更穿越一原始森林至合望。步行一小時之後，又到東眼山頭。因有山地果園在，來此已是多次。此次夜宿果園內，復遇中興大學園藝系二年級生及四年級生實習，曾開座談會，秉燭夜談，久久方歇。

次日中午彼此告別。再至合望與松崗，又至清境農場之仁莊一帶。傍晚復由霧社至埔里，返臺中後，更上梨山。時梨山路斷，仍未修復，須接駁通車。到梨山後宿梨山賓館，館後溪流有聲，同行之蔣生永昌、裘生曙舟，皆誤作雨聲。通夜點滴於枕畔，令人遐想。

第二日清晨，赴合歡溪，到一果園內觀看。是處風光頗佳，惟果樹欠茂。溪上有深潭，其旁復有平臺地，眞似嚴子陵釣魚處。隨後去志良果園，主人不在，幸永昌與主人為老朋友，乃破茅廬門而入，隨意取食。果園中桃梨蘋果等俱佳，惟終無宿處，遂赴武陵農場。次日返梨山，見管理局金輅局長，復承其陪伴，三上天池，即天鑾池。池水較冬日為少，池面亦較小，而同去者亦皆似以其小為欠缺，實則小亦無妨。池旁古檜森森，池高二千九百四十五公尺，清涼無比。

返抵梨山，一宿而歸，其時為七月十日。有詩留別山地果園之同學，又有詩題梨山賓館及志良果園。至合歡溪畔有詩，三上天池更有詩二首。此次極富於變化性，因亦更饒情趣。原擬多行數日，乃因裘生之婦，連夜自北打來長途電話，促其北返，我等遂亦同返，又不知何時可以再來。

（一）留別山地果園實習同學

果園酬對不尋常，秉燭深山夏夜長；
明月滿天纔一覺，便知隨地好風光。

（二）梨山旅次

梨山路斷已難行，客舍溪聲似雨聲；
一水山頭流枕畔，爲誰點滴到天明？

（三）題志良果園

是處何名名志良，茅廬裡面有眞常；
桃梨蘋果株株好，更見山頭日月長。

（四）題合歡溪

合歡溪上有深潭，但見潭深水色藍；
彷彿前人垂釣處，何妨萬古作常談！

（五）三上天池

走上天池已再三，合歡山頂又回還；
池邊古樹參天久，映入池中不改顏。
等閒穿過萬重山，無比清涼在此間；
莫道天池池面小，天門照見不曾關。

18. 上佳陽梨山一帶

民國六十三年七月二十七日由臺北至臺中，次日又率中興大學園藝系師生共二十人，上梨山一帶，作落葉果樹生育狀況及生產成本之調查。參加先生爲范念慈教授、陳澤亞副教授及高嘉訓先生。高先生在中興園藝系，乃任職最早之一人。同學參加者有楊中平，黃子彬，許仁宏，陳英煌，黃瑞祥，黃育仁，林國榮，陳正儀，邵育聰，張龍生，張裕衛，吳天祿，鄭先德，何君雅，許正瑛，徐南珏等。

到達梨山時，因旅舍到處客滿，無寄宿處，乃住康樂中心溜冰場內。翌日分成松茂，河流，佳陽，梨山，大禹嶺，智遠莊，合歡溪，及環山，志良，武陵，福壽山各組，進行調查，我則各處巡視。至佳陽，晤十餘年前在我家居住半載之吳家姊弟，姊吳靜枝，弟吳德承。其父名吳東漢，乃佳陽山胞頭目，一家善良。見我來，十分親切，今則已因種果致富。

至福壽山，唔宋副場長，又遊鴛鴦池，池為山胞殉情處。夜宿宋莊楊君果園住宅中，滿園明月。在梨山，有攬勝亭，曾一再登臨。在環山，曾一再夜宿。憶二十年前到環山調查時，只茅屋數十間，今則竟似一小都會。家家洋房，處處歡喜，已成一新天地。

八月六日返，為詩題佳陽山胞家，以誌感。又為詩題福壽山鴛鴦池。此池在二十年前，故事流傳於高山族中，人多不敢來池畔。今則人多已忘其事，並不知此池即為鴛鴦池。至於攬勝亭，前此不久，猶為禁地；今則開放，任人登臨，乃題二詩。他如楊氏果園以及環山部落，亦皆有詩誌感。憶上次曾言不知何時重來，今則接連而至。

（一）過佳陽吳宅

（1）是處寒衣嫌太薄，人間暑氣卻如蒸；
若非走在高山上，誰識身居另一層？

（2）難得高山連日好，故人消息又曾聞；
三冬一去佳陽到，忽見山頭處處春。

（3）偷閒小憩吳家莊，不是高山夢一場；
蘋果桃梨栽滿院，行雲停處是佳陽。

（4）此日佳陽一再行，有人復見眼分明；
佳陽佳果承相贈，水更綠時山更青。

（二）題福壽山鴛鴦池

福壽山中有一池，池名今已少人知；
其中千古傷心事，豈必流傳到此時？

（三）夜宿宋莊楊氏果園中

福壽山中有宋莊，楊家正在樹中央；
株株蘋果撐明月，月滿園中又滿床。

（四）題梨山攬勝亭

（1）一上梨山攬勝亭，四邊山色更青青；
遙窺大甲溪中水，印證江山無限情。

（2）當時攬勝亭初建，試問何人識苦辛？
自是一亭閒點綴，惟求賢者樂相親。

（五）題環山部落

（1）山環水更水環山，華屋華堂山水間；
山地盡成花果地，人無一個不開顏。

（2）依稀猶憶老環山，茅屋排排數十間；
惟有路旁小石竹，廿年不改舊時顏。

（3）環山夜半懸明月，照在高山流水間；
更越山頭來枕畔，終當照見好容顏。

（4）匆匆一別新天地，離卻環山到世間；
不見慈雲停故里，安能處處是歡顏？

19.枕頭山，拉拉山，棲蘭山

一年來由臺灣南橫公路諸山頭，走到中橫公路諸山頭，今更走到北橫公路諸山頭以及部落間。此一路線，由桃園縣之大溪起，經三民，枕頭山，復興角板山，合流，復興橋，羅浮，斷匯，高坡，大灣，榮華，高義，蘇樂，巴陵，而至宜蘭縣之四稜，池端，棲蘭，在百韜橋邊與中橫公路之宜蘭支線相接。同行者有尤明琅，符濟珍，黃冠銘，王郁斌、林煥章、許仁宏諸同學。

我於八月十六日由臺北至臺中，更回至桃園縣警局辦入山證，次日又至大溪鎮。昔日臺灣海上船隻可直航大溪，原甚繁榮，今猶富庶，且有美人窩之稱，而豆腐干與大溪公園，亦復遠近皆知。第三日，經三民村至復興鄉公所，即通常稱爲角板山之處。其旁爲枕頭山，又有溪口臺。臺旁有一長吊橋，溪水清澈，乃石門水庫之上游。到此以後，即開始山地落葉果樹之生育調查，由簡金信技士等協助，曾至霞雲村，合流，復興橋，羅浮及枕頭山，圓山一帶。此一帶乃所謂前山。

入夜，山胞林玉桃、蘇兆暖君等，來此談山地情形，個個心胸開放，天眞坦率，令人忘疲。彼等皆屬泰耶族。後更至後山一帶。所謂後山，係指羅浮至蘇樂，巴陵及拉拉山而言。

蘇樂村有橫山梨頗佳，曾涉水渡溪，溪魚尤美。巴陵有上中下三部落，拉拉山有神木群。而梨與蘋果亦多種植，且結果較梨山爲早。調查完畢，又經四稜，池端，棲蘭一帶至宜蘭。所謂棲蘭山即在此，風光明媚，林木蒼蒼，別有風味。時正大雨，因懼山崩路斷，乃急急而行。北部橫貫公路之調查乃暫告結束，時爲六十三年八月二十三日。有詩題北橫公路沿線勝地，以誌不忘。

（一）題大溪

炎炎暑日大溪頭，古木叢中風自流；
只爲多年山地走，眞疑腳底有雲浮。

（二）題枕頭山

雲正飛揚霞正飄，枕頭山下手相招；
聲聲說道斜陽好，色是桃紅不可描。

（三）角板山

角板山中入夜來，無端閒話到天臺；
依稀已在桃源裏，自是心開境自開。

（四）題溪口臺

溪口臺前溪口水，橫空吊起一長橋；
縱然通到高山上，到底無由到九霄。

（五）題霞雲村

霞雲村在霞雲間，人自霞雲起處還；
百折青溪流不盡，重重疊疊是雲山。

（六）題羅浮

羅浮昔日喚「拉號」，陣陣溪聲正似潮；
到此果然無一語，從容已過復興橋。

（七）題蘇樂村

蘇樂村旁水急流，行人欲渡渡無舟；
走入溪中行不得，不由人不猛回頭。

（八）題巴陵

不覺雲浮又幾重，巴陵昔日喚巴龍；
家家住在高山上，眼見天南無數峰。

（九）題拉拉山一號神木

雨雪風霜都不計，悠然已過四千年；
雖經劫火燒猶活，嫩綠油油近九天。

（十）題拉拉山二號神木

久留神木高山上，別有風光在眼前；
歲月無須人更問，新枝茁長白雲邊。

（十一）題拉拉山三號四號神木

神木更連神木在，看來自覺十分眞；
如何此日人方識？一任人間萬古傳。

（十二）題拉拉山

拉拉山下拉拉水，振古悠悠水自流；
不是一般山水緣，豈眞造化沒來由？

（十三）過池端

池端風雨正蕭蕭，大道泥濘大樹搖；
就此匆匆行過去，水中誰見影昭昭？

（十四）題棲蘭

匆匆又過叢林間，大雨當然阻往還；
若使棲蘭能一宿，何須更越棲蘭山？

20. 五上關山

民國六十三年十一月七日由臺北至臺中，次日赴高雄，九日又作第五次南橫公路之行。夜宿梅山。翌日過關山溪，至梅山部落，又過茎濃溪，至一山頭。十一日因山崩路斷，乃於清晨由小路直上一山頭，繞道至南橫公路上，步行至天池，又穿越大關山隧道至埡口，計行四十公里，夜宿埡口山莊。

憶第一次由高雄上南橫公路時，至埡口路斷而回。第二次由臺東上南橫公路時，經關山鎮至新武橋，又因路斷而返。第三次復由高雄經六龜至埡口，仍舊折回。第四次更由臺東經關山至埡口更直至梅山甲仙，始獲走通南橫全線，惟屬車行。今則由梅山步行，至埡口山莊，一宿之後，更步行至利稻，而將全線走通。其中艱險，不一而足。

最險處爲檜谷山崩處，當時均覺無法越過。深山大壑間，若一失足，即不堪設想。惟已傍晚，後退難以覓宿處，只能前往。乃首由我一人試行，終獲越過，全體安然。迨繼續行走，已是黑夜，又復天雨，飢寒交迫，懸崖處，更膽顫心驚。歷三時許，始至大關山隧道。其時隧道正修復中，穿過亦屬不易。旋向埡口山莊而行，黑夜天雨不止，懸崖之上，又復歷一時許始到。

到後各人訴說艱苦，反而笑聲不已，大有同慶生還之慨。我因單衣，鑽入棉被內，一女生送食物至床邊充飢。休息一日後，向利稻行走時，曾於向陽地方，穿一原始林，亦甚艱險。旋行一小徑，由上而下，其艱險尤甚。到達利稻後，自是各各歡喜逾恒。

翌日由小徑觀幽谷，往返多時，又已傍晚。計自梅山至此，已是五日，一宿之後，又由小路行至天龍橋，始獲乘車而返。同行者凡三十人，蔣主任永昌則由梅山與司機楊君駛熱帶園藝試驗所之車，載行李繞道經屏東、臺東而至天龍橋相會合。其他人士，計爲王主任兆全，裘技士曙舟，邱技士阿昌，暨林尚勝，楊大慈，徐淑女，沈珠嫣，林惠瑕，李文的，楊淑芬，萬小燕，董明英，林一心，林碧華，簡銘志，邱茲容，蔡龍銘，謝招煌，李明芳，張漢黎，陳文彬，徐元晶，連玲聲，吳士霖，許錦文，江喜代，黃振德，邱順成，鍾志明等同學。

其中有研究所同學，有大學四年級同學，亦有大學三年級同學。以學校而論，有以前鵝湖農院同學，有臺灣大學同學，亦有文化學院同學。有先生亦有太太，而女同學則佔半數。行過山崩處，太太小姐，每多驚泣而哭叫。問一太太爲何啼泣，則答以家中有二小孩，深恐以後無人照料。其時我則惟有默禱上蒼而已。南横路上，天雨不止，有一處在路面中間，已成一小水池。時因天黑，有男女二同學，竟雙雙跌入池中，衣服濕盡，乃於黑夜途中，臨時換衣。其狼狽情形，眞難言說。惟當我首先行抵埡口山莊時，久久打門，始有一老人從睡夢中驚醒，並從黑暗中走出，一見面即問我有無帶一醫生來，自云已便秘一個月。其後同人陸續到達，個個飢寒交迫，對此管理山莊之老者，更是啼笑皆非。乃由女同學們入廚燒水燒飯。

是日從早晨六時早餐後，直至夜晚十一時，始行再食。次日各各烘乾濕衣破履，狼狽情形，如在途中。我於無可如何時，曾吟二詩，並於以後途中，陸續吟詠，以記此行。詩爲：

南橫同行，敬贈諸友。

（1）同在南橫路上行，山崩處處不須驚；
從容走過山崩處，始識眞山眞水情。

（2）黑夜高山雨不休，艱難此際正同遊；
若非萬苦千辛裡，佳話焉能久久留？

（3）眞似行來不顧身，輕輕踏遍萬山春；
回頭只見同行者，盡是行雲裡面人。

（4）驚險重重話正長，高山流水不尋常；
別是一番滋味好，苦同嘗後甘同嘗。

（5）若問山中何所見？山中一水似銀河；
高高山上人同走，更見高山流水多。

（6）自是時時逢絕處，安危只在剎那間；
忽然憂患全消失，又見春來遍萬山。

（7）澗水流時疑水盡，高山轉處覺山窮；
誰知不盡山和水，都在無窮繫念中。

（8）雨過天青霧漸消，又經埡口白雲橋；
綠水山頭流到底，頓成銀鍊一條條。

（9）斷崖絕壁每相聯，畫裡溪山遠接天；
一路風光看不盡，祗因都在白雲邊。

（10）談山說水話連篇，一笑山前又水前；
多謝友生來作伴，高山流水意綿綿。

（11）頓覺山場是道場，源頭活水意洋洋；
橫穿原始林中去，自有幽蘭在一旁。

（12）向陽橋畔有深潭，正在南橫公路南；
影像昭昭能幾許？行人兩兩與三三。

（13）手攜短杖盡情爬，風雨來時一傘遮；
雲海果眞成大海，高山儘可鎮龍蛇。

（14）埡口行來到利稻，問誰能比高山高！
摩天嶺上頻頻望，不負高山走一遭。

（15）難忘檜谷和幽谷，一在西邊一在東；
到此總須驚造化，歸來天地不相同。

（16）誰識雲間一片心？天龍橋上費沉吟；
從今若問南橫事，只待高山有好音。

（17）高山名喚作關山，隔斷行雲阻往還；
光景看來無可說，天門此日不曾關。

（18）五上關山何所是？眼前草木正依依；
分明一事非容易，個個行來個個歸。

21. 七上梨山

六十三年十一月二十三日，於步行南橫公路五上關山之後，又由臺北至臺中，開始中橫公路之行，當日即到梨山。因中橫公路，路斷一月，正首次通車，故能由臺北朝發夕至，並夜宿梨山賓館中。同行者有中興大學園藝系羅樹忠先生，渠為我十八年前臺灣山地園藝資源調查之多年同伴，翌日同赴合歡溪，訪問果農。第三日，有園藝系助教潘海琴及黃瑞祥、王文瑩兩同學趕至，共為五人。

我自去歲返臺後，走上梨山，至此時為止，已是七次。第一次為與農復會方祖達，張國良諸先生同行。第二次同行者為林主任樂健及井生自強等。第三次有李教授小範，高教授奇瑛及柯生多秋、陳生新竹等作伴。第四次有范教授念慈，陳教授澤亞及黃瑞祥同學等參加。第五次為蔣永昌、裘曙舟二君隨行。第六則為范念慈、陳澤亞二教授及許正瑛同學等，參加人數最多，係從事果樹生產成本之調查。

而此第七次之調查，則爲覆查，更深入山胞與榮民之家，並承各各以實情相告。且因與渠等早已相識，故更以眞心相向。有山胞王明德老先生，乃以前梨山部落之頭目，並爲抗日英雄，山地陳列館亦高懸其玉照於館中，現已七十歲，即曾以晚宴款待吾人。有二子皆已受高等教育，甚爲能幹，栽種桃梨蘋果，俱成巨富，家中生活，甚爲舒適。

吾人到後第三日，又曾與梨山管理局金局長暢談梨山之都市計劃，我當即勉其將梨山發展成一夏都，上自天池，下至水庫，使高山與流水相得益彰，如此有山有水，一成了佳山水，即更可形成一好都市，屆時梨山面目，又會兩樣。

到第四日，吾人更分兩隊工作，一隊派往松泉崗，及天池一帶，另一隊則爲羅樹忠先生與我，同至梨山老部落處，又下至水庫邊，並策劃將來之水上交通事宜。第五日同赴福壽山農場所屬之各農莊內，並順道觀看山地陳列館。此館陳列事亦曾與金局長談及，據告正擬增添四個職員，並準備儘量充實陳列內容。此外復思創設寺院與書院於其間，如江西廬山之有歸宗寺與白鹿洞書院等，以使梨山成一寶島上之廬山。此日調查，至夜始回寓所。第六日，調查工作，乃告完成。其時天氣甚佳，夜夜明月高懸，使人幽思遐想，先後成詩八首，名梨山行，以作紀念。

憶自去歲六月間爬山以來，至目前已是一年有半。由南部橫貫公路全線，至阿里山、玉山一帶，又至中部橫貫公路主線，宜蘭支線及霧社支線，更至中興大學，即以前臺中農學院之山地果園惠蓀林場等地。復至北部橫貫公路，由桃園大溪經復興鄉至宜蘭縣大同鄉、員山鄉一帶。只是一步一步的走，卻走遍了無數山。梨山一帶的果樹，已是滿山滿谷。北橫公路雖只巴陵與拉拉山一帶種植桃梨蘋果等，惟亦頗爲可觀。至爲南橫公路方面，則在進行開發中。但以後的開發，實更注意國土之保育工作。在此一意義上，與其說是在山地栽果樹，實不如說是在山地造果林，庶使果樹成林之後，而水土更可以保持。以梨山而言，梨山的果樹，今後不僅不宜妨礙水庫，並應更有助於水土保持，而與水庫相互爲用。此則除須注意草生栽培外，並須注意密植，而板栗胡桃等果樹，亦須注意推廣。凡此所述，皆是所謂不得不說，亦正是所謂在山言山。

七上梨山行

（一）

頻頻又走到梨山，只有行雲一味閒；
眼見無人不種果，眞如闢地在雲間。

（二）

雲樹株株已滿空，分明光景不相同；
梨山溪水千般綠，盡入德基水庫中。

（三）

山頭人更到溪邊，雲影深遮水裏天；
來去匆匆二十載，有誰能識未來前？

（四）

雖是山高月更高，水中月影自昭昭；
斯時若問眞光景，綠水青山不可描。

（五）

梨山何事最堪吟？月到天心又水心；
假使當時無一念，萬千佳果豈成林？

（六）

山留佳果水留潭，山更青來水更藍；
若問梨山新歲月，終須一覺在天南。

（七）

七上梨山非偶然，行行總在白雲邊；
誰云果是雲中果？土生土長已年年。

（八）

就此逢山登絕頂，憑茲臨水憶鵝湖；
如何得見家山水？踏上梨山是一途。

附 仙跡巖

仙跡巖距北部橫貫公路較近，山雖不高，但正所謂「有仙則靈」，每令人爬之不厭。我寓居之所，距仙跡巖尤不遠。當高山歸來之後，幾每日清晨五時許，即赴仙跡巖頂，散步練拳，來回約兩小時，習以爲常。有時天猶未明，街頭滿是燈火，我亦穿過街頭，走上巖頂，見天邊明月，斜照青林。青林有如雲林，雲林有如仙林。其間仙跡自可想像。淡江遠遠橫流其下，反映出萬家燈火，又反映出滿天星斗。源頭一水皆活，林間滴露成珠，使人有飲水之心，有林下之心，又有浮海之心。到此，古聖之心，天地之心，終與雲間一片心，打成一片。自念多年以來，爬山越嶺，儘有樂山之意，惟終覺入山未深，藏山未久，說寂寞談不上，說放達亦談不上，說閒散又談不上。僅僅是往返於高山之上，一直俯仰於天地之間。爲此之故，高山下來，不知不覺又去仙跡巖頭。事雖偶然，究屬自然，亦頗欣然。但終不覺怦然、漠然、惻然而已。

憶初登仙跡巖之日，即念施耐庵之言，所謂「一日如此，一年可知；一年如此，一世可知」。果眞如此，亦惟有安之而已。因題仙跡巖六詩，附於高山行之後。隨後又有續題仙跡巖三詩。此三詩，其實皆是題仙跡巖旁桃花之詩。此正所謂「雖然不是桃花洞，春至桃花亦滿蹊」。本來仙跡巖有不少櫻花，佔得春光，原屬不少；只不過「即使櫻花開滿谷，爭如一樹是桃花」？仙跡巖旁，究以桃花爲正。由此而思及桃花源，並思及「採菊東籬下」，方是「桃花一見，至今不疑」。

題仙跡巖

（一）

仙跡在何處？巖邊默默尋；淡江流淡水，青鳥入青林；
天下無窮事，雲間一片心；偶然仙跡在，寂寞到如今。

（二）

仙跡在何處？巖邊日日尋；頻頻觀一水，緩緩過千林；
不歇爬山足，常懷飲水心；自然仙跡在；放達到如今。

（三）

仙跡在何處？巖邊一一尋；源頭皆活水，天末是雲林；
猶有雲間月，豈無林下心？欣然仙跡在，閒散到如今。

（四）

仙跡在何處？巖邊步步尋；登山終涉水，舉足已穿林；
早識樂山意，深知浮海心；怦然仙跡在，磨洗到如今。

（五）

仙跡在何處？巖邊早早尋；寒衣沾露水，冷月照仙林；
閃閃街燈火，悠悠天地心；漠然仙跡在，往返到如今。

（六）

仙跡在何處？巖邊久久尋；已窺車似水，還見樹成林；
未醒今人夢，難言古聖心；惻然仙跡在，一直到如今。

以上所題六詩，並非成於一次，乃自民國六十二年八月十九日起，陸續寫成。而第一次爬登仙跡巖之時，則爲是年六月十八日，乃由張國良君陪同前往。彼每日清晨，原亦遊仙跡巖上。惟彼以後因事不常去，我則獨行，並作爲家居之功課。

續題仙跡巖

余由高山回臺北家中渡歲後，旋又赴梨山轉宜蘭太平山旁，復經臺北轉往霧社、廬山一帶，隨又抵家園。清晨更日日爬上仙跡巖，忽一日見巖前一樹桃花盛開，若有所感，因續題三詩，時為六十三年二月十八日。

（一）

仙跡巖前晝復夜，人間事總未能罷；
回頭又見桃花開，只不疑時花不謝（註）。

（二）

仙跡巖前去復回，白雲終不免徘徊；
於今走在桃花下，舉足原隨大化來。

（三）

仙跡巖前雨復止，連連漲起淡江水；

桃花片片落泥中，更信桃花開未已。

（註）：靈雲和尚見桃花悟道云：「自從一見桃花後，直到如今更不疑。」

高山行校後記

此《高山行》一書，於民國六十四年農曆元旦校畢。此次爬山一年有半，除寫成十八萬言之報告書，敘述調查研究之結果外，另印此書以記遊。猛憶有遊廬山歸來，仰山禪師便說：「闍黎不曾遊山。」而雲門禪師對仰山此言，更說是「此語皆為慈悲之故，有落草之談」。本此以言我高山之行，是否曾遊山？亦正難說。其實此行，原為從事科學工作，本不曾遊；到處爬山，何嘗休息？但又畢竟有如莊生所云：「與有足者至於丘，而人眞以為勤行。」多少年來，我一方面在山川草木之間，我一方面又在山川草木之外。正所謂在天之下，又在天之側，此皆不能無感，不能無言，亦不能無詩。遂便科學不廢歌吟，又使山川不廢題詠。由此高山之行，不僅既遊且行，而實有進於行，亦正有類於修行。至於所得多少，原可不問。若說慈悲，即此便似慈悲；若說落草，轉身便又出草。豈眞會「十年歸不得，忘卻來時道（寒山句）」？似此言語，亦似言未曾言；勉強書來，作爲後記。

民國六十四年二月十二日　程兆熊自記於臺北市景美區景仁街。

NOTE

NOTE

國家圖書館出版品預行編目資料

高山行／程兆熊著. -- 初版. -- 新北市：華夏出版有限公司, 2022.03

面；　　公分. --（程兆熊作品集；03）

ISBN 978-986-0799-90-3（平裝）

1. CST：臺灣遊記　2. CST：登山　3. CST：旅遊文學

733.69　　110022547

程兆熊作品集　003

高山行

著　　作　程兆熊
印　　刷　百通科技股份有限公司
　　　　　電話：02-86926066　傳眞：02-86926016
出　　版　華夏出版有限公司
　　　　　220 新北市板橋區縣民大道 3 段 93 巷 30 弄 25 號 1 樓
　　　　　電話：02-32343788　傳眞：02-22234544
E-mail　pftwsdom@ms7.hinet.net
總 經 銷　貿騰發賣股份有限公司
　　　　　新北市 235 中和區立德街 136 號 6 樓
　　　　　電話：02-82275988　傳眞：02-82275989
　　　　　網址：www.namode.com
版　　次　2022 年 3 月初版一刷
特　　價　新台幣 220 元　（缺頁或破損的書，請寄回更換）

ISBN-13：978-986-0799-90-3
EISBN：9786267134047 (PDF)
《高山行》由程明琤授權華夏出版有限公司出版